Kleine Ideen für das Strickding

Susanne Mann

ISBN: 1500216496
ISBN-13: 978-1500216498

Inhalt

Vorwort

Diese kleine Sammlung an Handarbeitsanleitungen ist dazu bestimmt, Ihnen einige Beispiele für die Arbeit mit dem Strickding zu beschreiben. - So können auch eher unbegabte Strickerinnen schnell und erfolgreich gut sitzende Socken oder individuelle Accessoires erschaffen. Diese Ideen sollen nur kleine Anregungen darstellen, aus denen neue und eigene Designs entstehen können, die Ihren persönlichen Geschmack und Stil ausdrücken.

Alle Anleitungen sind leicht und auch für Anfänger ohne Probleme nachzuarbeiten. Dazu benötigen Sie lediglich das Strickding in der für Sie passenden oder der vorgegebenen Größe mit der Arbeitsanleitung von Prym und die hier beschriebenen Materialien. Dann kann es schon losgehen.

Die Angegebenen Materialien sind dabei allerdings nicht „verpflichtend". - Damit Sie sich bei Ihrer Wollauswahl nicht einschränken müssen, sind immer Angaben über die Garnlänge auf 50 oder 100 m bzw. die angedachte Nadelstärke vorhanden, die es Ihnen ermöglichen, andere Materialien und Farben zu wählen.

Egal ob Socken, Pulswärmer, Loopschal oder Notfallsäckchen, Portemonnaie, Sparstrumpf oder Handy-Hülle. Für jede Gelegenheit findet sich das richtige Modell, Muster oder Material. Und wenn mal etwas nicht gefällt, wird einfach ein Muster mit einem anderen Material und/oder Modell kombiniert. – Schon passt es und Sie kreieren endlos viele neue, eigene Ideen in kürzester Zeit.

Für Strickerinnen ohne Strickding:

Jedes dieser Projekte kann natürlich auch ohne Strickding und mit einem Nadelspiel bzw. einer Rundstricknadel hergestellt werden. In diesem Fall braucht man in der Regel einige Maschen mehr. Das hängt von der Wolle, der Nadelstäke und der Strickweise ab.

Lassen Sie sich also inspirieren, seien Sie kreativ und genießen Sie es, Ihre Ideen zu realisieren!

Ich wünsche Ihnen viel Spaß dabei.

Blau-rote Bettsocken

Material:

- je 50 g Quickstep Elisa in blau & rot (für Nadelstärke 6,5 - 7)
  maximal ausreichend für ein Paar Socken Gr. 25
- Strickding Gr. S
- Wollnadel

Ausführung:

- Bündchen & Schaft
  Das Strickding mit blauer Wolle umwickeln und ca. 7 cm stricken.

- Ferse
  Die Ferse in blau arbeiten und nach Abschluss eine weitere Runde blau wickeln und stricken.

- Fuß
  Für den Fuß rot weiter arbeiten bis die gewünschte Fußlänge erreicht ist.

- Spitze
  Für die Spitze den oberen und unteren Teil der Spitze in rot.

Fertigstellung:

Beide Teile der Spitze mit der Wollnadel zusammennähen und alle Fäden gut vernähen. Zum Schluss den oberen Teil des Schaftes ein wenig aufrollen, sofern das nicht von allein passiert ist.

Kuschelsocken für kleine Füße

Material:

- je 50 g Quickstep Elisa in grün & wollweiß (für Nadelstärke 6,5 -
  7) maximal ausreichend für ein Paar Socken Gr. 25
- Strickding Gr. S
- Wollnadel

Ausführung:

- Bündchen
Das Strickding mit weißer Wolle umwickeln und ca. 9 cm stricken. Das untere Ende des Strickschlauches durch das Strickding ziehen und über die Stifte legen. (Auf jedem Stift sollten nun 2 Maschen liegen.) Alle Stifte ein weiteres Mal mit weißer Wolle umwickeln und die Stifte abstricken, bis nur noch eine Masche auf jedem Stift liegt.

- Schaft
Die erste Runde mit grüner Wolle wickeln und abstricken. Die folgende Runde in weiß wickeln und abstricken. Ab hier 3 x folgendes Muster Stricken:

1. Runde - je 1 Masche weiß und grün im Wechsel wickeln und abstricken,

2. & 3. Runde - in wollweiß wickeln und abstricken.

- Ferse
Die Ferse in grün arbeiten und nach Abschluss eine weitere Runde grün wickeln und stricken.

- Fuß
Folgendes Muster bis zur gewünschten Länge stricken:

1. Runde - je 1 Masche grün und weiß im Wechsel,

2. & 3. Runde - in grün wickeln und abstricken.

- Spitze
Für die Spitze den unteren Teil der Spitze in grün und den oberen Teil in weiß arbeiten.

Fertigstellung:

Beide Teile der Spitze mit der Wollnadel zusammennähen und alle Fäden gut vernähen.

Susanne Mann

Schwarze Ringelsocke

Material:

- 50 g schwarze Wolle (Lauflänge 150 m / 50 g)
- 100 g türkise Wolle (Lauflänge 150 m / 50 g)
- Strickding S
- Wollnadel

Ausführung:

- Schaft und Fuß
  8 Runden türkis und 2 Runden schwarz abwechselnd stricken.

- Schaft
  Im dritten türkisen Abschnitt nur 5 Runden stricken.

- Ferse
  In schwarz stricken.

- Fuß
  Mit 3 Runden türkis beginnen und mit dem für Schaft und Fuß vorgegebenen Farbwechsel auf die gewünschte Länge stricken.

- Spitze
  In schwarz arbeiten.

Fertigstellung:

- Alle Fäden mit der Wollnadel vernähen.

Extrawarme Wendesocken für besonders kalte Füße

Material:

- je 50 g Wolle in schwarz/bunt und rot-braun/bunt (Lauflänge 150 m / 50 g)
- Strickding L
- Wollnadel

Ausführung:

- 1. Abschnitt:
Jeweils eine komplette linke und rechte Socke nach Anleitung stricken und alle Fäden gut vernähen.

- 2. Abschnitt
Die linke fertige Socke so mit dem offenen Ende auf die Stifte des Strickdings ziehen, dass der Runden-Anfang wieder bei R 1 und L 1 ist. So liegt die Ferse der fertigen Socke liegt jetzt rechts. Nun wird nach Anleitung eine rechte Socke in rotbraun/bunt arbeiten, die Spitze mit der Wollnadel schließen und alle Fäden vernähen. Mit der rechten Socke gegengleich verfahren.

Fertigstellung:

- Eine Socke in die andere schieben und die Spitzen mit der Wollnadel aneinander nähen.

Wohlfühlsocken zum Ausspannen

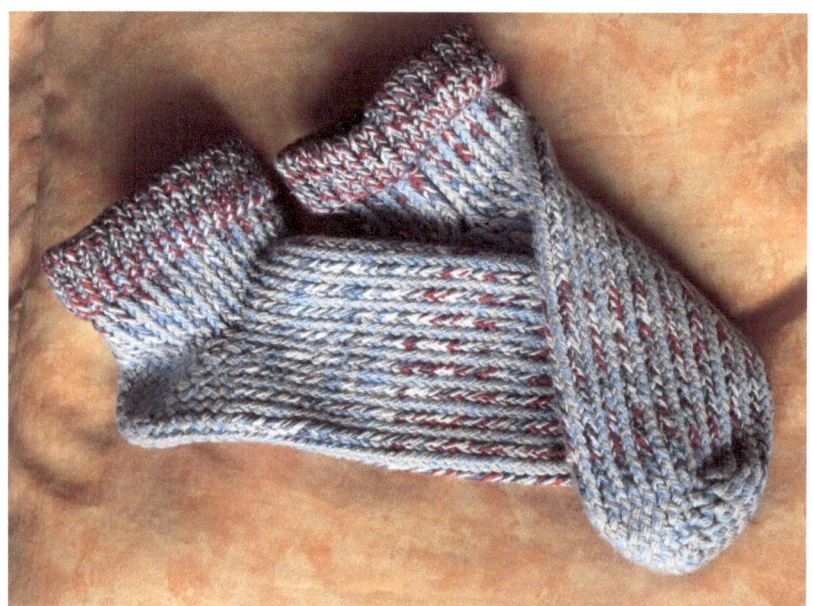

Material:

- je 50 g Innovation elastische Stumpfwolle in hellgrau, hellblau, rot-grau & blau-grau (für Nadelstärke 3 - 3,5) maximal ausreichend für ein Paar Socken Gr. 41
- Strickding Gr. L
- Wollnadel

Ausführung:

- Bündchen
Für das Bündchen die rot-graue und die blau-graue Wolle zusammen und doppelt legen, damit ein vier-fädiger Strang entsteht. Das Strickding mit dem Wollstrang umwickeln und ca. 6 cm stricken. Das untere Ende des Strickschlauches durch das Strickding ziehen und über die Stifte legen. (Auf jedem Stift sollten nun 2 Maschen liegen.) Alle Stifte abstricken, bis nur noch eine Masche auf jedem Stift liegt.

- Schaft
Die hellblaue und hellgraue Wolle doppelt nehmen und nochmals zusammen legen, damit ein vier-fädiger Strang entsteht (ebenso wie beim rot-grauen/blau-grauen Strang). Je einen Stift rot-grau/blau-grau und hellblau/hellgrau im Wechsel umwickeln und ca. 3 cm stricken.

- Ferse
Die Ferse in hellblau/hellgrau arbeiten.

- Fuß
Den Fuß ebenso arbeiten wie den Schaft.

- Spitze
Für die Spitze den oberen und unteren Teil der Spitze in hellblau/hellgrau arbeiten.

Fertigstellung:

Beide Teile der Spitze mit der Wollnadel zusammennähen und alle Fäden gut vernähen.

Pulswärmer

Material:

- 50 g Wolle in blau/grau (Lauflänge 410 m / 100 g)
- Strickding S
- Häkelnadel Stärke 2,5
- Wollnadel

Ausführung:

- Mit dem Strickding einen ca. 10 cm langen Schlauch stricken, dabei das Garn doppelt wickeln.

- Für das Daumenloch die Maschen von den Stiften L 2 - L 7 (für rechts) bzw. R 2 - R 7 (für links) mit Kontrastfaden durchziehen und vom Strickding abheben. Die freien Stifte für die nächsten Runden normal umwickeln und ab der übernächsten Wunde wie gewohnt abstricken. Auf diese Weise weitere 6 cm stricken.

Kontrastfaden durchziehen, vom Strickding abheben und die Maschen an diesem Ende und um das Daumenloch mit festen Maschen und einer weiteren Runde mit Krebsmaschen umhäkeln.

! Krebsmaschen

Krebsmaschen werden ähnlich gehäkelt wie feste Maschen. Lediglich die Arbeitsrichtung von rechts nach links wird umgekehrt. – Es wird also die Masche ganz normal gehäkelt , doch anstatt als folgende Masche in die nächste Masche auf der linken Seite einzustechen, wird in die nächste Masche auf der rechten Seite eingestochen und diese umhäkelt.

Fertigstellung:

- Alle Fäden mit der Wollnadel vernähen.

Loop-Schal

Material:

- 200 g Schoeller + Stahl Mandy (Lauflänge 75 m / 50 g) Farbe 3
- 50 g StrickSpaß Mignon Plus (Lauflänge 35 m / 50 g) Farbe 32
- Strickding L
- Häkelnadel Stärke 7
- Wollnadel

Ausführung:

- Einen ca. 1,6 m langen Schlauch in türkis stricken und leicht versetzt mit dem Strickstich unsichtbar zum Ring schließen.

- Mit dem Strukturgarn zwischen zwei Maschen eine runde feste Maschen aufhäkeln.

Fertigstellung:

- Alle Fäden mit der Wollnadel vernähen.

Sparstrumpf

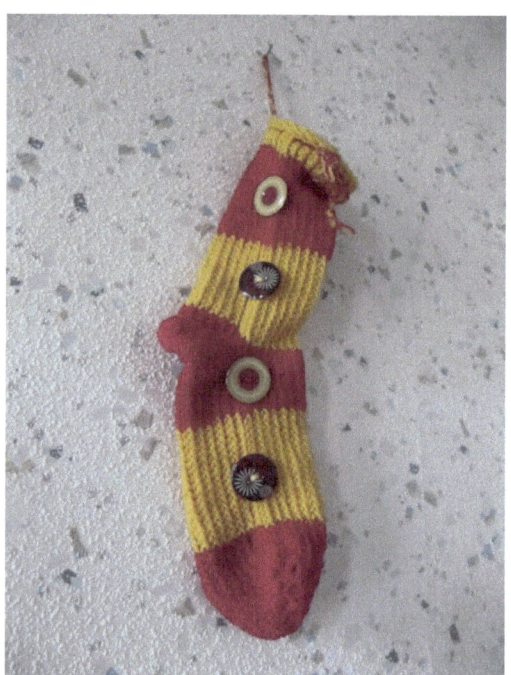

Material:

- 50 g Regia Nation Color (Lauflänge 210 m / 50 g) Farbe 5395
- Strickding Gr. M
- Wollnadel
- 1 Sparstrumpfscheibe
- Acrylfarbe gelb
- 4 Deko-Knöpfe

Ausführung:

- Den Faden doppelt legen und dabei auf den Farbverlauf achten, damit der Farbbeginn aufeinander liegt.

Schaft:

- Für den Schaft einen Schlauch stricken, der 2 komplette Farbabschnitte umfasst: mit gelb beginnen und je 1x rot und gelb komplett abstricken. 2 Runden rot stricken.

Ferse:

- Die Ferse nach Anleitung in rot arbeiten.

Fuß:

- Den Rest rot abstricken, einen kompletten Abschnitt gelb stricken und 5 Runden in rot stricken.

Spitze:

- Die Spitze nach Anleitung in rot arbeiten und schließen.

Fertigstellung:

- Alle Fäden mit der Wollnadel gut vernähen.
- Eine lange Kordel aus je einem roten und gelben Faden drehen und nach jeder zweiten Masche durch den Strumpf ziehen.
- Auf die gleiche Weise eine kleine Kordel drehen und als Schlaufe zum Aufhängen an den Strumpf knoten.
- Die Deko-Knöpfe an jeweils einen Farbabschnitt nähen.
- Die Sparstrumpfscheibe gelb anmalen und mit der Kordel festbinden.

Portemonnaie

Material:

- 50 g Elisa Easy color (Lauflänge 125 m / 50 g)
- Strickding Gr. L
- Wollnadel
- Reißverschluss blau, 10 cm
- Nähnadel
- Nähgarn blau

Ausführung:

- Für das Portemonnaie einen 18 cm langen Schlauch stricken, das untere Ende durch das Strickding ziehen, über die Stifte heben und 1 Runde abstricken.

- Einen Kontrastfaden durch die Maschen ziehen und das Ende mit der Wollnadel schließen.

- Das Täschchen umkrempeln, den Reißverschluss in das offene Ende einnähen und ein Bändchen durch den Reißverschluss zur Kordel drehen und mit einem Knoten schließen.

Fertigstellung:

Alle Fäden gut vernähen.

Geldsack

Material:

- 50 g Regia Canadian Color (Lauflänge 210 m / 50 g) Farbe 4730
- Strickding Gr. S
- Wollnadel

Ausführung:

- Für das Säckchen einen Ca. 30 cm langen Schlauch stricken, dabei das Garn doppelt wickeln. Das untere Ende durch das Strickding ziehen und eine Runde abstricken.Einen Kontrastfaden durch die Maschen ziehen und das Ende zuhäkeln. Das Säckchen umkrempeln.

- 2 dünne Kordeln drehen und diese ca. 3 cm unter dem offenen Ende im Abstand von 4 Maschen durch das Säckchen ziehen und auf jeder Seite mit einem Knoten schließen.

Fertigstellung:

Alle Fäden mit der Wollnadel gut vernähen.

Handy-Hülle

Material:

- 50 g Woll butt Nottingham (Lauflänge 210 m / 50 g) Farbe 3526
- Strickding Gr. S
- Strickliesel mit 8 Stiften
- Druckknopf (Durchmesser: 1 cm)
- Trachtenknopf (Edelweiß)
- Wollnadel

Ausführung:

- Handy-Umfang jeweils für die Höhe und die Breite ausmessen.

- Mit dem Strickding einen Schlauch in der Länge des Höhen-Umfangs stricken, dabei das Garn doppelt wickeln. (Man muss den Strickschlauch einmal um das Handy legen können.) Das untere Ende durch das Strickding ziehen, über die Stifte legen und abstricken. Kontrastfaden durchziehen und das Ende schließen.

- Jetzt mit der Strickliesel einen 8 cm langen Schlauch stricken und an beiden Enden schließen.

Fertigstellung:

Ein Ende des Schlauches von hinten an den doppelten Strickschlauch nähen und vorn überklappen. Von innen die obere Seite des Druckknopfes annähen und von außen den Knopf aufnähen.

Nun das Handy in die Hülle stecken und die Lasche nach vorn legen. Nun kann man gut sehen, an welcher Stelle die Unterseite des Druckknopfes angenäht werden muss. – Dort des Druckknopf annähen.

Alle Fäden mit der Wollnadel gut vernähen.

Notfall-Säckchen

Material:

- je 50 g Red Heart Miami in rot (115) und weiß (110) (Lauflänge 120 m / 50 g)
- Häkelnadel Stärke 2,5
- Strickding L
- Wollnadel

<u>Ausführung:</u>

- Für den Beginn
  Die Runden 1 - 8 in rot arbeiten.

  Die Runden 9 - 12 in weiß arbeiten.

  Die Runden 13 - 28 in rot arbeiten.

- Für die Kreuze vorn und hinten wie folgt arbeiten:
Die Runden 29 - 32:

> R 1 - R 6 weiß

> R 7 - R 12 rot

> R 13 - R 18 weiß

> L 18 - L 13 weiß

> L 12 - L 7 rot

> L 6 - L 1 weiß

Die Runden 33 bis 36:

> R 1 rot

> R 2 - R 6 weiß

> R 7 - R 12 rot

> R 13 - R 17 weiß

> R 18 rot

> L 18 rot

> L 17 - L 13 weiß

> L 12 - L 7 rot

> L 6 - L 2 weiß

> L 1 rot

Die Runden 37 - 40:

> R 1 - R 3 rot

> R 4 - R 6 weiß

> R 7 - R 12 rot

> R 13 - R 15 weiß

> R 16 - R 18 rot

> L 18 - L 16 rot

> L 15 - L 13 weiß

> L 12 - L 7 rot

> L 6 - L 4 weiß

> L 3 - L 1 rot

Die Runden 41 - 44 wie die Runden 33 - 36 arbeiten.

Die Runden 45 - 48 wie die Runden 29 - 32 arbeiten.

Die Runden 49 - 64 rot arbeiten.

Die Runden 65 - 72 weiß arbeiten.

Fertigstellung:

- Kontrastfaden durch die Maschen ziehen, den Schlauch vom Strickding nehmen und mit weiß schließen.
- Das offene Ende für eine gewellte Kante mit Krebsmaschen umhäkeln. Dabei in jede Masche 2 Krebsmaschen häkeln.

! Krebsmaschen

Krebsmaschen werden ähnlich gehäkelt wie feste Maschen. Lediglich die Arbeitsrichtung von rechts nach links wird umgekehrt. – Es wird also die Masche ganz normal gehäkelt , doch anstatt als folgende Masche in die nächste Masche auf der linken Seite einzustechen, wird in die nächste Masche auf der rechten Seite eingestochen und diese umhäkelt.

- Alle Fäden mit der Wollnadel vernähen.
- Aus jeweils 2 roten und 2 weißen Fäden 2 lange Kordeln drehen, durch jede zweite Masche ziehen und auf den gegenüber liegenden Seiten jeweils mit einem Knoten schließen.

! Achtung

Für ein dichteres Ergebnis kann ein dickeres Gran verwendet oder die Wolle doppelt gelegt bzw. gewickelt werden. Dadurch wird der Verbrauch an Wolle erhöht (maximal verdoppelt).